AF509105

DISCOVRS VERITABLE ET TRES-PITEVX, DE L'INONDATION ET DEBORdement de Mer, suruenu en six diuerses Prouinces d'Angleterre, sur la fin de Ianuier passé, 1607. 180

Où plusieurs villes, hommes, femmes & enfans sont peris, auec degast & dommage irreparable de tout le pays.

Pris sur la copie imprimée à Londres, & mis en François par A. F. LYONNOIS.

Nisi signa & prodigia videritis non credetis.

A PARIS,

Par FLEVRY BOVRRIQVANT, au mont sainct Hilaire, pres le puits Certain.

M. DCVII.

AV LECTEVR.

I'A Y trouué ceste curiosité digne de ton occupation: Ce sont des nouuelles, non de la guerre de Flandres, ny du different de Venise, ny des terres Neuues, ny de l'armée du Turc, ains de la guerre entre Dieu & les hommes, ou (pour mieux dire) leurs pechez. Il commence en Angleterre, comme sur les frontieres: Faisons de bonne heure composition sans attendre ses forces, car tu peux veoir par ce commencement (Lecteur) qu'elles sont trop grãdes, pour penser à y resister. Si tu es curieux, arreste tes yeux sur ceste nouuelle, où tu trouueras de l'estonnement: c'est aussi vn coup de la main de ce grand Dieu de merueilles; les eaux (si tu l'as iamais remarqué) en ont presque tousiours esté le subject; l'induction en seroit trop longue. Si curieusement tu recours l'vn & l'autre Testament, les histoires prophanes, & les merueilles de nature, ce seul element te fournira plus d'esbahissement, que tous les autres ensemble. Or pense, si Dieu luy donnoit libre carriere, quelle course il prendroit, puis qu'au moindre relasche il s'eslance si debordément; comme on l'a veu ces mois passez en six diuerses Prouinces d'Angleter-

re eſcheller ſes rampars, courir la cãpagne, moiſſon-
ner les foreſts, rauager les troupeaux, butiner les
biens, terraſſer les villes, depeupler le païs, & en
vn moment remplir d'horreur & deſolation tous
les lieux de ſon arriuée. I'ay voulu communiquer à
la France les particularitez de ceſte tant prodi-
gieuſe inondation, m'eſtant tombé en main vne copie & deſcription d'icelle imprimée à Londres en
langue Angloiſe, laquelle i'ay taſché de rendre en
François, voyant qu'autre ne tenoit compte d'vne
choſe ſi remarquable. Paſſe donc (Lecteur) au Diſcours ſuiuant, où ie te conuie d'eſtre curieux ſpectateur d'vne lamentable tragedie repreſentée ſur
le theatre mobile des eaux,

Ludit in humanis diuina potentia rebus.

DISCOVRS VERITABLE
ET TRES-PITEVX, DV
debordement de mer, ſuruenu en ſix diuerſes Prouinces d'Angleterre, ſur la fin de Ianuier paſſé de la preſente année 1607.

L'inondation de Summerſet-shire.

N Ianuier paſſé enuiron ſur la fin du mois la mer aſſiſtée des vents vint à hurter de rudeſſe les vagues contre les flots de ſon reflux ; ce choquement de tempeſte donna ſi rudement contre les rempars & chauſſées du Canal, qu'ayant fait breiche vers Summerſet-shire, la mer s'eſcoula dans le païs, s'aſſociant & liguant auec la riuiere Seuern : Ces deux eaux mutuellement aſſi- *Latiné* ſtées bondirent ſi furieuſement, qu'en moins *Sabrina.* de deux heures la terre (à l'eſtenduë de vingt

A iij

Deux mil-les font vne lieu de France. milles, & à la largeur de 4. à 5.) se trouua sous les eaux onze ou douze pieds, & dauantage en plusieurs lieux. Ceste surprise arriua au matin, où les habitans furent en mesme téps assaillis de danger, de mal-heur & de crainte.

Ce furieux escadron de Neptune en peu d'heures assiegea les villes & bourgades du païs, & en aussi peu les emporta : elles sembloient autant d'Isles emmy les eaux, & en vn tour de teste ne paroissoient plus ; aux endroicts les plus auallez, les tours, les temples, & les arbres representoient des villes soumarines nouuellement descouuertes.

En ce si subit & si impetueux debordement de mer, qui n'eust apprehendé vn autre cataclysme general ? car les lieux ioincts à *Hunsiel-de, Cran-thă, Ken-house, Kingson, Brian-dovvne.* la marge furent en mesme temps assaillis, & miserablement abismez en ceste tempeste. Hunsielde est vne ville de marché en ladite Comté de Summerset-shire, les autres sont bourgades, & gissent toutes entierement enseuelies soubs les eaux. Ie ne m'arreste en particulier sur les hameaux, maisons champaistres, & logettes villageoises fonduës semblablement dans la mer. Ie passe aussi la perte irrecouurable de quelques terres, pasturages, prairies, & semblables commoditez, dót le nombre & la condition aggrauēt la perte.

En ce ciuil desordre entre la terre & la mer plusieurs hommes, femmes, & enfans ont laissé la vie, desquels aucuns poussez de desespoir en vn danger si voisin eurent le

toiɛt de leurs maisons pour derniere & plus
asseurée retraiɛte : mais les flots arriuerent à
telle furie, qu'en plusieurs, voire en la plus-
part desdites bourgades, les fondements es-
branlez ployerent soubs leur fabrique, fai-
sans les hõmes sur leurs maisons vn pitoyable naufrage. Les autres grimpoient sur les
arbres, mais leurs racines n'estoient pas à
l'espreuue d'vn si furieux torrent, dont la
violence moissonnoit les forests entieres :
tellement que leur dernier refuge estoit de
patiemment mourir.

C'estoit vn triste speɛtacle, de veoir les
troupeaux entiers estriuer auec la mer pour
leur vie : Là les haras de bœufs, & toureaux,
en grand nombre entreinez par la violence
du torrent representoient autant de mon-
stres marins ; leur beuglement, comme vn
tonnerre de tempeste, faisoit retentir auec
estonnement les lieux circonuoisins. Le nõ-
bre du bestail pery en ceste inondatiõ d'eaux
est inestimable.

A plusieurs l'hazard fust fauorable, en vn
peril où la raison ne voyoit que desespoir : &
pour donner quelque chose aux curieux, ie
specifieray quelques façons estranges (mais
veritables) qui ont esté salutaires à aucuns.

Entre autres, vn pauure pere de famille
en l'vne desdites bourgades, auoit sept enfans, lequel, bien empesché à se resoudre en
tel danger, pensoit au salut de ses biens : mais
comme le torrent multiplioit sur luy, lais-

fant ce foucy, pour pourueoir au falut de fa famille , abandonna fon petit hauoir à la mercy de ce rauiffeur impitoyable: Or l'affe-ction particuliere qu'il portoit à l'vn defdits enfans, le rendit plus foigneux en ce dãger de celuy-là ; & tafchant de luy prefter fecours, fuft repouffé par l'eau, qui auoit ja tellement auancé, que tous fes efforts furent vains : & ayant beaucoup à penfer & à faire pour foy-mefme, fuft contrainct d'abandonner à ce defefpoir fes biens, & fes pauures enfans, & gaigner haftiuement le toict, où il efchappa, non fans danger.

Vn enfant fuft porté fur les eaux quelques milles du lieu, où il eftoit nourry par le moyé de fon berceau, lequel (comme l'on les faict en ces cartiers là) eftoit de bons ais forts & bien ioincts enfemble : ainfi ledit enfant dãs fa petite barque efchappa miraculeufement ce naufrage.

L'on a de couftume en ces cartiers, de raf-fembler & amonceler les poix, febues, & au-tres legumes, & ainfi les garder en herbe : L'eau venant à donner contre, les enleuoit ; tellement qu'on vift flotter fur l'eau vn monceau de poix , fur lequel eftoient des pourceaux, qui fans apprehender le danger où ils eftoient , faifoient vn fi hazardeux voyage en difnant, & furent heureufement rendus à port.

On a auffi veu (cas eftrange que le defef-poir) des counis en grand nombre affaillis par l'eau dans leur taniere, montez sur des brebis, comme cheualiers errants emmi les flots, & faire en fin naufrage auec leurs montures laſſées.

Vn paſteur aux champs auec ſon troupeau, s'eſtant apperceu de ceſte furieuſe armée d'eau s'addreſſer à grands galops vers ſoy, taſchoit à raſſembler ſes brebis eſparſes par la campagne, pour les ſauuer auec ſoy : mais ſe voyant talonné de pres, il fuſt contrainct de les abandonner, & gaigner vn arbre, pour penſer à ſon propre ſalut, qui n'auoit autre addreſſe. Là tout eſpleuré, il fuſt ſpectateur du miſerable degaſt de ſon troupeau, le voyãt tout autour de ſoy à la nage, beſlant & comme l'appellant à l'aide : lors tout eſperdu, ſe frappoit la poitrine, s'arrachoit les cheueux, & pour tout ſecours, accompagnoit les cris & lamentations de ſes brebis mourantes, par des pleurs & vains gemiſſements : bref les voyant rauies de deuant ſoy, & n'ayant autre object à conſiderer, que ſa miſere, il redoubloit les larmes, venant derechef à recourir ſur ſa piteuſe tragedie : il auoit auparauant craint les eaux, mais lors la fin l'eſpouuantoit de loing : & bien que ſon biſſac ne fuſt vuide, la prouiſion toutesfois n'eſtoit pas baſtante pour ſouſtenir long temps ce ſiege en ce boulleuard. Finalement eſtant aux abbois auec vn troiſieſme ennemy, à ſçauoir le froid, & comme preſt à ſe rendre, il deſcouurit de ceſte ſentinelle vne barque deſtinée

au secours de tels miserables , il l'appelle au
sien, & recouura sa vie, qu'il auoit abandonné au desespoir.

Vn Gentil-homme Protestant, surpris de
ceste tempeste se retira sur vn arbre , auec sa
femme , & vn lacquay , qui estoit de Troyes
en Champagne & Catholique. Ce Gentil-
homme ayant peu d'asseurance en cest arbre
s'azarda à la nage, d'aller querir vn basteau
qui flottoit sur l'eau : lors ce pauure garçon,
ayant son seul & dernier recours en Dieu,
s'addressant à sa maistresse. Or priez mainte-
nant Dieu (luy dit-il) à vostre mode, & en
quelle langue que vous voudrez , ie le prie-
ray à la mienne:& commença à faire le signe
de la croix , & prier à la façon de l'Eglise Ca-
tholique:Son maistre cependant arriue auec
le batteau,où ils furent tous sauuez.

L'inondation de Bristovv.

Bristovv
est vne
ville de
trafic,grã-
de à peu
pres com-
me Roüan,
laquelle est
demi sub-
mergée.
C'est vn
pont.

AV mesme mois de Ianuier , enuiron le
temps de l'inondation susdicte, l'Ocean
extraordinairement esmeu surpassa ses bar-
rieres & rempars , se campant par tout le
pais circonuoisin.

Toute la contrée de Brent-marsh est soubs
les eaux,& entre Barstable & Bristovv la mer
s'enfla à la haulteur de Bridgevvater l'esten-
duë de dix milles en auant, l'on desespere de
iamais ne reuoir ce pays.

Plusieurs marchands de Londres, Irlande
& autres endroicts, à cause de la Foire de
sainct Paul, qui est solemnelle à Bristovv ,&
estoit proche , auoient faict conduire plusieurs sortes de marchandises, lesquelles furent bien tost debitées, & butinées par ce ra-
uisseur, à la ruine & desolation de plusieurs:
la perte est inestimable.

Plusieurs maisons furent entierement de-
racinées, & comme vaisseaux alloient demy
noyées flottāt sur les vagues. Tous les fruicts
aussi auec les denrées du pays ont esté miserablement rauis & entreinez par l'eau, auec
les troupeaux : les bœufs engraissez , qui
estoient trop pesants à la nage s'arresterent
au fond, où plusieurs hommes, femmes &en-
fans sont demeurez enseuelis : l'eau qui va
tous les iours regorgeant leurs charongnes,
monstre que c'est aux hommes que Dieu en
vouloit.

<hr>

La miraculeuse deliurance d'vn
gentil-homme.

A Quatre milles de la mer, entre Bersta-
bles & Bristoir , vn gentil-homme se
proumenoit vn matin parmy ses fonds ,&
iettant sa veuë du costé de l'Ocean , s'arresta
tout estonné de veoir vn changement esträ-
ge suruenu en son pays , que la mer alloit de-
uorant : Les maisons, collines, vallées, bois,

prairies,terres,& semblables objects de sa re-
marque iournalliere ne paroissoient plus:
telle nouueauté luy faisoit dementir ses yeux
prenant des nuages & brouillars pour des
vagues:en fin s'arrestant plustost au sens qu'à
son imagination, se retira hastiuement, & à
pas redoublez au logis,aduertist sa femme du
danger qui les menaçoit de pres:& mist toute sa famille en deuoir de charger ce qu'vn
chacun pourroit,afin de sauuer quelque par-
tie de ses biens:mais cest ennemy debridé ne
leur donna pas ce relasche, il fust plustost à la
porte,que leurs pacquets ne furent troussez,
il fallut quitter ce soucy, pour pourueoir à
leur salut:les fardeaux & charges seruirent à
aucuns, pour estre soustenus quelque temps
sur l'eau , & prolonger leur naufrage. Ce
Gentil-homme,sa femme & ses enfans accoururent diligemment au plus hault estage
du logis,se perchans sur deux soliues tout es-
perdus , & ayans abandonné leurs sens à la
frayeur,commençoient ja à mourir à l'aspect
de la mort. Ce pauure pere de famille en telle perplexité s'auisa d'vne bougette, où
estoient les papiers & acquisitions de ses
fonds, & auec grand hazard de sa vie l'alla
querir & la lia fermement à l'vne desdictes
soliues, à celle fin (disoit-il) que quoy qu'il
arriuast de soy,& de ses biens, l'eau venant à
se vuider,il eust moyen de rentrer en paisible
possession d'iceux,si la fortune luy reseruoit
sa bougette. Au milieu de ce triste consort,

mer se roidissant plus fort renuersa de fonds
en comble la maison:tellement,que qui n'a-
uoit peu gagner le dessus, mourust double-
ment, accablé & noyé. Ce fust vn piteux &
lamentable depart du mary d'auec sa femme,& de tous deux d'auec leurs enfans. Ce
Gentil-homme ayant par fortune attrappé
vne branche ou rameau d'arbre, monta dessus,& gallopast en ceste sorte l'espace de 3.ou
4. milles : Iusques à ce,que conduict à la riue
d'vne colline,il mist pied à terre grimpant en
hault, d'où il descouuroit la sanglante tragedie qui se passoit deuant ses yeux, sur sa femme, ses enfans,& sa famille, contribuant de
l'eau & des larmes en abondance au torrent où ils estoient miserablement suffo-
quez:Là il caressoit la mort, se lamentant, &
formant des pleintes contre sa deliurance, &
sa vie si calamiteusement reseruée. Mais fortune contente de tels mal-heurs fist flotter
deuant soy sa bougette, auec la soliue, où il
l'auoit attachée, deuant luy : estimant peu
d'hazarder vne vie si miserable,monte de re-
chef sur le rameau,qui l'auoit conduict, pour
retirer sadicte bougette, ce qui luy succeda
heureusement , & sortit miraculeusement
pour la seconde fois des vagues de la mer : se
monstroit-elle pas cruellement pitoyable en
son endroit?

D'vn autre Gentil-homme, lequel ayant vn voyage à faire à cheual, l'accomplist monté d'vne estrange façon.

VN aultre Gentil - homme , lequel estoit nouuellement marié , demeurant en ce mesme pays , s'aduisa vn iour de picquer iusques à vne ville proche du lieu où il estoit, pour se resiouir auec ses amis; son cheual à cest effect l'attendoit à la porte, sellé & bridé, luy - mesme auoit ja vne botte en iambe, & s'apprestoit à chausser l'autre, quãd ceste tempeste le surprist inopinément : Lors ce voyage par terre fust rompu , & se deuoit accomplir par eau , ou nullement : La mer auoit desia ceinte toute la maison, auoit forcé les portes , & s'estoit violemment mise en possession de toutes les chambres, tellement que luy demy à cheual, eust plus de recours à ses iambes , qu'à sa monture, pour hastiuement gaigner le toict: où mesme estant pour-suiui de l'eau, il s'aduança iusqu'au feste, où il auoit resolu de tenir bon pour sa vie: Neptune voulant experimenter ce cheualier, separa le dessus du logis d'auec le reste, le laissant aller & voguer à la discretion des ondes : Ce pauure Gentil-homme, sur vne si rude monture, sans bride & sans freins , se prenoit aux crins de la beste, assauoir aux tuiles, & alloit à courbettes sur ceste pleine spacieuse, iusques à ce qu'il arriuast en la ville mesme où il auoit deliberé ce matin de s'acheminer:mais il n'y vint (ce qu'il n'euſt peu comprendre auparauant) ny à cheual,ny à pied,ni à la na-ge,ni par batteau.

Pluſieurs ſemblables Tragicomedies ont eſté repreſentées ſur ce large eſchafaut de mer ; le recit ſeroit de trop longue haleine, ceux-cy pourront ſuffire , pour tirer conſe-quence des autres, & faire auoir quelque reſ-ſentiment des iugements de Dieu,& donner à entendre , qu'il eſt courroucé : qu'ils ſuffi-ſent donc auſſi,pour rendre les hommes plus ſoigneux à deſtourner ſon ire.

Inondation ſuruenuë en la Comté de Norſolke.

LE pays de Norfolke participa auſſi à ce deſaſtre, qui luy ſuruint le 20. du meſme mois de Ianuier : la tempeſte arriua de nuict en larron, & fuſt découuerte par des larrons: car s'eſtans deux compagnons acheminez de nuict en quelques paſquis, pour enleuer du beſtail , apres auoir faict quelque butin , ſe ſentirent ſoudainement pourſuiuis, non pas de commiſſaires, ou archers, mais d'vn fu-rieux torrent d'eau,laquelle s'eſtoit fourrée en la campagne, vers vn lieu dict March-land ; ils furent contraincts d'abandonner leur proye,laquelle fuſt confiſquée aux eaux. Ces deux galands voyans le danger qui me-

naçoit la ville, y accoururent en poſte, &
apres auoir eſueillé le marguilier de l'Egliſe,
ſe mirent à ſonner le tocſin, pour aduertir le
peuple du peril : à l'ouye des cloches, chacun
s'imaginant que le feu fuſt en quelque lieu, ſe
leuoit en chemiſe, crioit & demandoit de
l'eau, ignorans qu'ils n'en auroient bien toſt
que trop : ce qu'eſtant arriué auec grand
frayeur & eſtonnement de tous, vn chacun
ſecouant ſes yeux, ſans regarder où eſtoient
ſes chauſſes, ſe ſauue, qui ſur ſon toiċt, qui au
clocher, qui ſur vn arbre, qui ſur vn tertre,
qui d'vne façon, qui d'vne aultre, tous pouſ-
ſez de leur intereſt particulier: ceux-cy furent
ſurpris au jeu, ceux-la à la table, les autres au
liċt, le mary gagnant au pied ſa femme au
col, le pere portant ſes enfans, les enfans
leur pere, tandis que ce rauageur effroyable
demoliſſoit leurs maiſons, & addreſſoit ſa furie à chacun, ſans auoir égard à l'âge, ſexe, &
condition : bref ceſte nuiċt pleine de confu-
ſion, fuſt comme vne image de ceſte tant ca-
lamiteuſe ſerée de Troye.

En ceſte tempeſte peu de gens perdirent la
vie, ſinon ceux qui eſtoient trop ſoigneux de
leurs biens, car penſans tout ſauuer ils perirent tout.

La matinée venuë, le iour leur fiſt veoir la
calamité de leur pauure ville, enſeuelie dans
les eaux: les vns remarquoient quelque bout
de leur cheminée, qui auançoit ſur l'eau, les
autres leurs toiċts; ceux-cy recognoiſſoient
leurs

leurs meubles flottans à la merci des ondes,
ceux-la voyoient leur beſtail s'efforcer en
vain à gagner la riue : en fin comme le mal-
heur eſtoit commun en ce deſaſtre, nul
n'eſtoit exempt de quelque particuliere calamité.

L'eau non contente de ce rauage, ſe rua
ſur deux autres petites villes prochaines, qui
furent pareillement deſtruites, ſauf que les
citoyens ayans preueu ſon arriuée, s'eſtoient
ſauuez auec leurs biens ſur des montagnes,
abandonnans leur maiſons vuides à la merci
de la tempeſte.

La ruine de ces trois villes apportaſt grande deſolation à tout le pays, ioinct le degaſt
de toute la campagne, auec le rauiſſement de
leurs denrées.

Tous les paſturages, à l'eſtendue de douze
milles, furent inondez, & vne multitude de
beſtail innombrable y periſt: quelques brebis
eſchapperent ſur vne montaigne voiſine,
dicte Thrunehill: mais c'eſtoit comme tomber de la poile à la braiſe, car ladite monta-
gne eſt fort haulte, & eſtroitte au deſſus, reſ-
ſemblant à quelque rocher en mer, & eſt toute ceinte d'eau, laquelle ne peut eſtre trauer-
ſee à gué, pour ſon haulteur, ny par batteau à
cauſe des vieux troncs & arbriſſeaux qui
ſont à trauers : tellement que les pauures
beſtes, qui s'eſtoient rendues ſur ceſte mon-
tagne, la tondirent & fourragerent en telle
ſorte, qu'il ne leur reſtoit plus que la terre

toute chauue & depourueuë d'herbes &
bois : ainſi eſtoient ces pauures animaux re-
duicts à vne extreme famine & diſette de vi-
ures, qui diminuoit d'autant que leur faim
augmentoit:elles appelloient à leur aide par
vn beſler pitoyable leurs maiſtres & paſteurs
qui ne pouuoient trouuer moyen de les ſe-
courir : mais en fin, s'eſtans faict voye par ce
marais, couppans auec grande difficulté les
bois & hailliers d'icelui,conduirent vne barque vers ces brebis affamées, leſquelles contre leur naturel timide, s'hazardoient à corps
perdu dans l'eau, pour aller au-deuant de
ceſte barque : à l'exemple d'aucunes toutes y
accouroient à la nage ſi eſpais,que le batteau
n'eſtant capable de toutes, pluſieurs eſtoient
noyées meſme à coſté d'iceluy, eſtant trop
affoiblies & mattées de la faim, pour faire
long effort ſur l'eau:tellement que d'ores en
la on delibera de leur fournir du foin ſeule-
ment & du fourrage,pour viure & les remet-
tre en leur poinct : nonobſtant cela, la plus-
part eſt morte, & peu ſont eſchappées.

Inondation arriuée à Monmouth-shire au pays de Gaules.

Nouuelles.

AV meſme mois de Ianuier paſſé, la mer
extraordinairement eſmeuë des vents
s'elleua par deſſus ſes limites ſe gorgean
auec furie dans le pays circonuoiſin,à l'eſten

due de 24. milles en auant & de cinq en lar-
geur:les parroiſſes ſuiuantes ſont demeurées
pitoyablement enſeuelies ſoubs ceſte tempeſte.

15. En nombre.

Matharne	Gouldenliſre
Porteſcuet	Nashe
Cald cot	Sainct Peire
Vndye	Lanckſtone
Roggiet	Vviſton
Lanihangiell	Lan Verne
Iſton	Chriſtchurch
Magor	Milton
Redvvicke	Bashallecke
Saint Brides	Romney
Peterſton	Marshfield
Lambeth	Vvilfricke.
Sainct Mellins	

CE Diſcours ſeroit hors de meſure, & le
denombrement du degaſt ennuyeux, ſi
ie m'arreſtois à ſpecifier les baſtimens demo-
lis par ce rauage, & la perte de tous les biens
imaginables, cauſée par ce deuoyement de
mer: i'en laiſſe la croyance au Lecteur, laquelle à peine pourra fournir à la verité du
faict. L'on a taſché de ſupputer la valeur du
dommage, lequel a eſté eſtimé à cent mille
liures ſterlings, ſans y comprendre la perte
des fons, leſquels on deſeſpere de iamais, ou
rauoir, ou reuoir en ſon premier point, comme eſtant autrefois des plus abondans & fer-

Vne liure ſterline en vaut dix de France, tellement que cent

tiles de toute l'ifle, & duquel le reuenu an-
nuel arriuoit à plus de quarante mille liures
fterling.

Quant aux hommes, plufieurs de tout aa-
ge, fexe & condition perirent, & plufieurs ef-
chapperent auffi par des façons eftranges, &
admirables. Entre autres l'on rapporte d'vn
homme & d'vne femme, lefquels s'eftans re-
tirez fur vn arbre, n'ayans deuant les yeux
que l'horreur d'vne mort affreufe, apperceu-
rent de loing vne cuue, large & fpacieufe, laquelle s'addreffoit à eux, & vint finalement
(comme conduite par prouidence diuine)
s'arrefter fur leur arbre, & s'embarquans en
icelle, furent rendus à port.

Vn petit enfant, aagé enuiron de quatre
ans fuft pris tout en chemife fur vn rameau,
qui le portoit, auec vn pouffin dans le fein: il
eft à prefumer que la chaleur de ce petit ani-
mal ayda beaucoup à ce pauure enfant, abandonné tout nud à la rigueur d'vn tel froid.

Vn autre fuft rendu à terre dans fon berceau, fur lequel s'eftoit auffi fauué vn chat,
qui alloit fautelant d'vn cofté dudit berceau
à l'autre, pour le tenir en egale balance, contre les flots qui le faifoient chanceler, comme s'il euft efté ordonné pour gouuerneur &
pilotte de cefte petite barque.

L'inondation arriuée aux Comtez de Glo-
cefter, & Herford, & plufieurs autres
endroicts fur la cofte de Gaules.

IE n'ay encor rien peu apprendre d'affuré
en particulier de cefte inondation, tellement que ie me contenteray d'en faire men-
tion en general, pour donner entier aduis au
Lecteur de tous les lieux qui ont participé à
l'affliction de cefte tempefte, laquelle n'a efté
plus douce aux places fufdictes, qu'aux autres, fur lefquelles fe pourra tirer l'idee des
degafts & mal-heurs pareillemét y furuenus.

LEcteur ne t'eftonne des miferes & cala-
mitez, qui te font reprefentées en ce dif-
cours : eftonne toy d'vne iuftice fi retenuë : le
refte de l'ifle, noftre France, l'Europe, le mõ-
de vniuerfel en merite-il moins ? nos pechez
montent deuant Dieu, & retombent fur nos
teftes, comme la vapeur qui s'efleue en hault
& reuient fondre en terre d'où elle eftoit
fortie : comme ne font-ils donc derechef ou-
urir generalement les cataractes des cieux,
puis que leur eftendue eft fi generale ? mais ce
bel arc azuré dans le pourpris des nues, où eft
efcript le traicté de paix à iamais inuiolable
entre la terre & l'eau, nous affeure de ne paf-
fer plus par ce torrent vniuerfel : Dieu a d'autres fatellites, & executeurs de fa iuftice, pour
tirer vengence de nos crimes, quand bon luy

sembleroit : mais, comme Pere, il adoucy son courroux enuers des enfans rebelles : & indignes de ce tiltre, au lieu d'vne espee se contentent d'vn foüet, pour les sangler : l'Angleterre, comme tu vois en porte les marques : & sera, ie crains, à l'aduenir plus griefuement chastiée, si elle ne faict son profit de ceste correction. Nous sommes François, & leurs voisins ; tremblons au chastiment de nos compagnons & freres, car nos demerites ne sont moindres en leur espece que les leurs : preuenons la rigueur de nostre Pere par penitence & amandement, si nous n'aymons mieux (abusans du delay & exemple que nous auons) tomber plus seuerement en ses mains.